베껴 쓰는 워크북 시리즈

초등 저학년 베껴 쓰기가 답이다!

베껴라 베껴!
받아쓰기왕 2

퍼플카우콘텐츠팀 글 · 이우일 그림

퍼플카우
Purple Cow

"즐겁게 베껴 쓰는 어린이가 받아쓰기왕!"

어린이 여러분! 반가워요. 제 이름은 서보라입니다. 이 책에 선생님으로 등장하고 있어요. 저자들을 대신하여 머리말을 통해 여러분과 인사를 나눠요.

받아쓰기 실력은 한글맞춤법 실력입니다.

도대체 받아쓰기는 무엇일까요? 학교에서는 왜 받아쓰기를 시키는 걸까요? 받아쓰기는 초등학생들을 괴롭히려는 선생님들의 심술일까요? 그럴리가요. 받아쓰기는 글쓰기를 잘하게 만들기 위한 과정입니다. 한글맞춤법 실력을 키우는 첫걸음이 바로 받아쓰기입니다.

완벽한 받아쓰기는 사실 어른도 쉽지 않습니다.

소리 나는 대로 쓰되 어법(한글맞춤법)에 맞게 써야 하는 받아쓰기는 결코 쉽지 않습니다. 부모님을 비롯한 대부분의 어른들에게도 표기법과 띄어쓰는 법까지 받아쓰기를 완벽하게 하기란 어려운 일입니다. 받아쓰기를 만만하게 생각하거나 얕잡아 봐서는 안 되는 이유이죠.

받아쓰기, 어렵게 공부하지 마세요.

잘 받아쓰는 것이 어려운 일이라고 해서 받아쓰기 공부도 어렵게 해야 할까요? 천만에 말씀입니다. 억지로 공부하려고 하면 점점 더 잘하기 어려워집니다. 받아쓰기는 결국 글쓰기 공부입니다. 평소에 쓰는 우리말이잖아요. 즐겁게 공부해야 더 잘하게 됩니다.

베껴 쓰기는 요령이 아니라 원리를 심어줍니다.

글쓰기 공부는 베껴 쓰기가 최고입니다. 머릿속으로 생각만 하면 저절로 되는 공부가 아닙니다. 자기 눈으로 베껴 쓸 글을 정확히 읽고, 손으로 직접 베껴 쓴 후, 잘 썼는지 스스로 확인해야 베껴 쓰기가 완성됩니다. 그러면 원리가 자연스럽게 스며들지요.

받아쓰기 시험, 걱정하지 마세요.

학교에서 보는 받아쓰기 시험은 미리 나눠준 자료를 가지고 실시합니다. 대부분의 어린이는 시험 전에 미리 외워 가지요. 배우지 않은 글로 받아쓰기 시험을 보는 것이 아니라면 전혀 걱정할 필요가 없습니다. 시험보다 더 문제는 우리말 글쓰기 실력입니다.

받아쓰기 100점은 목표가 아니라 결과입니다.

《베껴라 베껴! 받아쓰기왕》(전4권)과 함께라면 받아쓰기는 문제없어요. 이 책을 통해 즐겁게 베껴 쓰면서 꼭 필요한 글쓰기 기본 원리를 자연스럽게 자기 것으로 만들면 되기 때문입니다. 받아쓰기 시험 100점은 베껴 쓰기의 목표가 아니라 당연한 결과랍니다.

저자들을 대신하여, 서보라 선생님이 씀.

이 책의 구성

20단계 프로그램으로 받아쓰기 원리가 쏙쏙!

이 책은 초등학교 1, 2학년이 반드시 익혀야 할 낱말을 받아쓰기 원리에 따라 20단계로 나누었습니다. 학년에 관계 없이 1권부터 공부할 수 있으며 받침이 없는 쉬운 글자부터 표기와 발음이 달라 어려워지는 글자까지 차근차근 난이도를 높여가며 총 4권으로 구성하였습니다.

1권

1단계	자음과 모음	자음과 모음의 발음자를 익혀요.
2단계	받침이 없는 쉬운 글자	쉬운 자음과 모음이 합쳐진 글자를 배워요.
3단계	받침이 없는 어려운 글자	어려운 모음 'ㅟ, ㅖ, ㅞ' 등을 구별해요.
4단계	받침이 있는 쉬운 글자	쉬운 받침이 있는 글자를 배워요.
5단계	받침이 있는 어려운 글자	받침과 어려운 모음이 있는 글자를 배워요.

2권

6단계	같은 자음이 겹치는 겹글자	같은 자음이 겹쳐서 이루어진 글자를 배워요.
7단계	받침이 뒤로 넘어가는 글자	앞의 받침이 뒤에 오는 글자의 첫소리로 넘어가요.
8단계	된소리가 나는 글자	앞의 받침 때문에 뒷글자에서 된소리가 나요.
9단계	소리나 모양을 흉내 낸 글자	소리나 모양을 흉내 낸 글자를 익혀요.
10단계	틀리기 쉬운 글자	'이'와 '히' 틀리기 쉬운 글자를 익혀요.

3권

11단계	구개음으로 바뀌는 글자	앞의 받침 때문에 구개음으로 바뀌어요.
12단계	거센소리가 나는 글자	앞의 받침 때문에 뒷글자에서 거센소리가 나요.
13단계	받침의 표기와 소리가 다른 글자	받침을 적을 때와 발음할 때가 달라요.
14단계	자음의 발음이 같아지는 글자	뒷글자 때문에 앞에 오는 받침의 발음이 달라져요.
15단계	발음이 같아서 헷갈리는 글자	발음은 같은데 쓰는 법은 다른 글자를 익혀요.

4권

16단계	사이시옷을 붙이는 글자 1	사이시옷을 붙이는 글자를 익혀요.
17단계	사이시옷을 붙이는 글자 2	사이시옷을 붙이는 글자를 익혀요.
18단계	자음이 첨가되는 글자	음이 첨가되어 소리가 바뀌는 글자를 배워요.
19단계	받침이 두 개인 어려운 글자	받침 두 개가 겹치는 글자를 배워요.
20단계	예사말과 높임말	밥과 진지가 어떻게 다른지 알아 봐요.

학습 효과가 뛰어난 단계별 평가와 교과서 속 받아쓰기 문장 수록

낱말 쓰기

같은 원리를 가진 낱말끼리 모아 여러 번 읽고 베껴 쓰다 보면 자연스럽게 그 원리도 깨치게 될 겁니다. 그림을 통해 의미를 파악할 수 있으며, 아직 글씨 쓰기에 익숙하지 않은 아이가 혼자서 또박또박 글씨 쓰는 연습을 할 수 있습니다.

어구와 문장 쓰기

각 단계에서 배운 낱말들을 어구 또는 문장으로 만들어 베껴 쓰기 연습을 할 수 있습니다. 두 개 이상의 낱말을 비교하면서 차이를 확인할 수 있고 띄어쓰기도 자연스럽게 익히도록 구성하였습니다.

단계별 평가

각 단계마다 4페이지씩 '평가'를 수록하였습니다. 앞에서 배운 낱말의 의미와 맞춤법을 제대로 익혔는지 확인할 수 있습니다. 잘못 쓴 글자를 보면서 고치는 문제를 수록하여 각 단계가 끝날 때마다 배운 내용을 확실히 복습할 수 있게 도와줍니다.

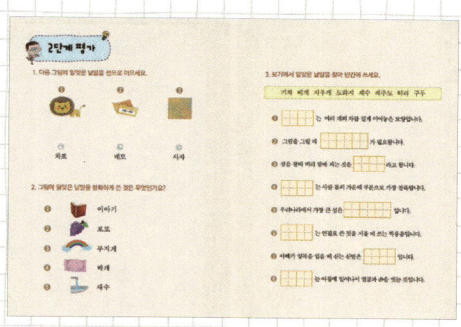

국어 교과서 따라잡기

2013년 개정 교과서에 나오는 출제 빈도가 높은 문장을 중심으로 받아쓰기 문제를 수록하였습니다. 부모님이 직접 문제를 불러주세요. 초등학교 입학 전에는 예습용으로 사용하고, 입학 후에는 아이가 국어 교과서의 낱말과 문장을 잘 받아쓸 수 있는지 확인할 수 있습니다.

차례

머리말 - 2
이 책의 구성 - 4
소리의 변화 1 - 연음법칙 - 8
소리의 변화 2 - 된소리되기 - 10

6단계 같은 자음이 겹치는 겹글자

낱말 쓰기 1 - 14
낱말 쓰기 2 - 15
낱말 쓰기 3 - 16
낱말 쓰기 4 - 17
어구와 문장 쓰기 1 - 18
어구와 문장 쓰기 2 - 19
어구와 문장 쓰기 3 - 20
어구와 문장 쓰기 4 - 21

6단계 평가 - 22

7단계 받침이 뒤로 넘어가는 글자

낱말 쓰기 1 - 28
낱말 쓰기 2 - 29
낱말 쓰기 3 - 30
낱말 쓰기 4 - 31
낱말 쓰기 5 - 32
낱말 쓰기 6 - 33
낱말 쓰기 7 - 34
낱말 쓰기 8 - 35
어구와 문장 쓰기 1 - 36
어구와 문장 쓰기 2 - 37
어구와 문장 쓰기 3 - 38
어구와 문장 쓰기 4 - 39
어구와 문장 쓰기 5 - 40
어구와 문장 쓰기 6 - 41

7단계 평가 - 42

8단계 된소리가 나는 글자

낱말 쓰기 1 - 48
낱말 쓰기 2 - 49
낱말 쓰기 3 - 50
낱말 쓰기 4 - 51
낱말 쓰기 5 - 52
낱말 쓰기 6 - 53
낱말 쓰기 7 - 54
낱말 쓰기 8 - 55
어구와 문장 쓰기 1 - 56
어구와 문장 쓰기 2 - 57
어구와 문장 쓰기 3 - 58
어구와 문장 쓰기 4 - 59
어구와 문장 쓰기 5 - 60
어구와 문장 쓰기 6 - 61

8단계 평가 - 62

9단계 소리나 모양을 흉내 낸 글자

낱말 쓰기 1 - 68
낱말 쓰기 2 - 69
낱말 쓰기 3 - 70
낱말 쓰기 4 - 71
어구와 문장 쓰기 1 - 72
어구와 문장 쓰기 2 - 73
어구와 문장 쓰기 3 - 74
어구와 문장 쓰기 4 - 75

9단계 평가 - 76

국어 교과서 따라잡기 - 93
1학년 2학기 받아쓰기 문제 - 103
1~5단계 평가 정답 - 106

10단계 틀리기 쉬운 글자

낱말 쓰기 1 - 82
낱말 쓰기 2 - 83
낱말 쓰기 3 - 84
낱말 쓰기 4 - 85
어구와 문장 쓰기 1 - 86
어구와 문장 쓰기 2 - 87
어구와 문장 쓰기 3 - 88
어구와 문장 쓰기 4 - 89

10단계 평가 - 90

 ## 소리의 변화 1 – 연음법칙

우리말에는 소리 나는 대로 그대로 받아쓰면 안 되는 글자들이 많아요. 다음은 앞글자 받침의 소리가 뒷글자의 첫소리로 발음되는 낱말들이며, 이러한 현상을 연음법칙이라고 합니다. 앞의 어떤 자음이 뒷글자로 넘어가서 소리가 나는지 살펴보세요.

 **얼음** [어름]

'ㄹ' 받침이 발음할 때 뒷글자로 넘어가서 소리가 나요.

 **음악** [으막]

'ㅁ' 받침이 발음할 때 뒷글자로 넘어가서 소리가 나요.

 **거북이** [거부기]

'ㄱ' 받침이 발음할 때 뒷글자로 넘어가서 소리가 나요.

 **인어** [이너]

'ㄴ' 받침이 발음할 때 뒷글자로 넘어가서 소리가 나요.

 입을 [이블]

'ㅂ' 받침이 발음할 때 뒷글자로 넘어가서 소리가 나요.

 책꽂이 [책꼬지]

'ㅈ' 받침이 발음할 때 뒷글자로 넘어가서 소리가 나요.

 씻어라 [씨서라]

'ㅅ' 받침이 발음할 때 뒷글자로 넘어가서 소리가 나요.

 높이 [노피]

'ㅍ' 받침이 발음할 때 뒷글자로 넘어가서 소리가 나요.

볶음밥 [보끔밥]

'ㄲ' 받침이 발음할 때 뒷글자로 넘어가서 소리가 나요.

 ## 소리의 변화 2 – 된소리되기

소리의 세기에 따라 자음 'ㄱ, ㄷ, ㅂ, ㅅ, ㅈ'은 예사소리라고 하고, 겹자음인 'ㄲ, ㄸ, ㅃ, ㅆ, ㅉ'은 된소리라고 합니다.
우리말에는 앞 글자의 받침에 따라 뒷글자의 첫소리가 된소리가 되는 경우가 있습니다. 어떨 때 이런 현상이 나타나는지 살펴보세요.

 축구 [축꾸]

'ㄱ' 받침 때문에 뒷글자의 첫소리가 'ㄲ'으로 소리가 나요.

 듣다 [듣따]

'ㄷ' 받침 때문에 뒷글자의 첫소리가 'ㄸ'으로 소리가 나요.

 접시 [접씨]

'ㅂ' 받침 때문에 뒷글자의 첫소리가 'ㅆ'으로 소리가 나요.

 용돈 [용똔]

'ㅇ' 받침 때문에 뒷글자의 첫소리가 'ㄸ'으로 소리가 나요.

 물감 [물깜]

'ㄹ' 받침 때문에 뒷글자의 첫소리가 'ㄲ'으로 소리가 나요.

 보름달 [보름딸]

'ㅁ' 받침 때문에 뒷글자의 첫소리가 'ㄸ'으로 소리가 나요.

 깃발 [긷빨]

'ㅅ' 받침 때문에 뒷글자의 첫소리가 'ㅃ'으로 소리가 나요.

 앞집 [압찝]

'ㅍ' 받침 때문에 뒷글자의 첫소리가 'ㅉ'으로 소리가 나요.

 꽃밭 [꼳빧]

'ㅊ' 받침 때문에 뒷글자의 첫소리가 'ㅃ'으로 소리가 나요.

6단계 같은 자음이 겹치는 겹글자

'떡', '빵'의 공통점은 무엇일까요?
모두 같은 자음이 쌍둥이처럼 겹치는 겹글자로 된 단어입니다.
겹글자에는 'ㄲ, ㄸ, ㅃ, ㅆ, ㅉ'이 있어요.
빵집에 가서 '빵' 대신 '방' 달라고 하면 '빵'을 못 먹겠지요.

낱말 쓰기 1

 다음 낱말을 소리 내어 읽고 빈칸에 써 보세요.

꿈
꿈

토	끼
토	끼

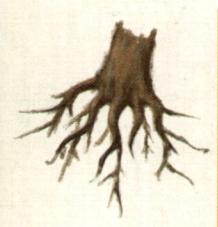

뿌	리
뿌	리

사	또
사	또

낱말 쓰기 2

 다음 낱말을 소리 내어 읽고 빈칸에 써 보세요.

 두꺼비
두꺼비

 딸기
딸기

 쌍둥이
쌍둥이

 찌개
찌개

낱말 쓰기 3

 다음 낱말을 소리 내어 읽고 빈칸에 써 보세요.

또	박	또	박
또	박	또	박

빨	리
빨	리

따	뜻	한
따	뜻	한

씻	다
씻	다

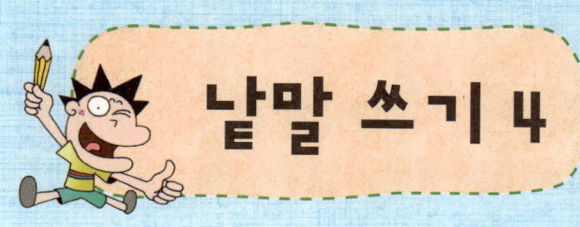

낱말 쓰기 4

 다음 낱말을 소리 내어 읽고 빈칸에 써 보세요.

깨	우	다
깨	우	다

예	쁘	다
예	쁘	다

반	짝	반	짝
반	짝	반	짝

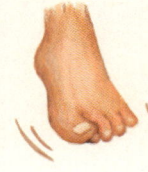

꼼	지	락
꼼	지	락

어구와 문장 쓰기 1

 다음 글을 소리 내어 읽고 빈칸에 써 보세요.

꿈	에	서		딸	기	를
꿈	에	서		딸	기	를

예	쁜		쌍	둥	이
예	쁜		쌍	둥	이

사	또	에	게		바	치	다	.
사	또	에	게		바	치	다	.

어구와 문장 쓰기 2

 다음 글을 소리 내어 읽고 빈칸에 써 보세요.

나	무	의		뿌	리
나	무	의		뿌	리

글	씨	를		또	박	또	박
글	씨	를		또	박	또	박

빨	리		오	세	요	.
빨	리		오	세	요	.

어구와 문장 쓰기 3

 다음 글을 소리 내어 읽고 빈칸에 써 보세요.

따	뜻	한		찌	개
따	뜻	한		찌	개

깨	끗	하	게		씻	어	요	.
깨	끗	하	게		씻	어	요	.

토	끼	가		뛰	어	갑	니	다	.
토	끼	가		뛰	어	갑	니	다	.

어구와 문장 쓰기 4

 다음 글을 소리 내어 읽고 빈칸에 써 보세요.

오	빠	를		깨	우	고
오	빠	를		깨	우	고

별	이		반	짝	반	짝
별	이		반	짝	반	짝

몸	을		꼼	지	락	거	려	요	.
몸	을		꼼	지	락	거	려	요	.

6단계 평가

1. 다음 그림에 알맞은 낱말을 선으로 이으세요.

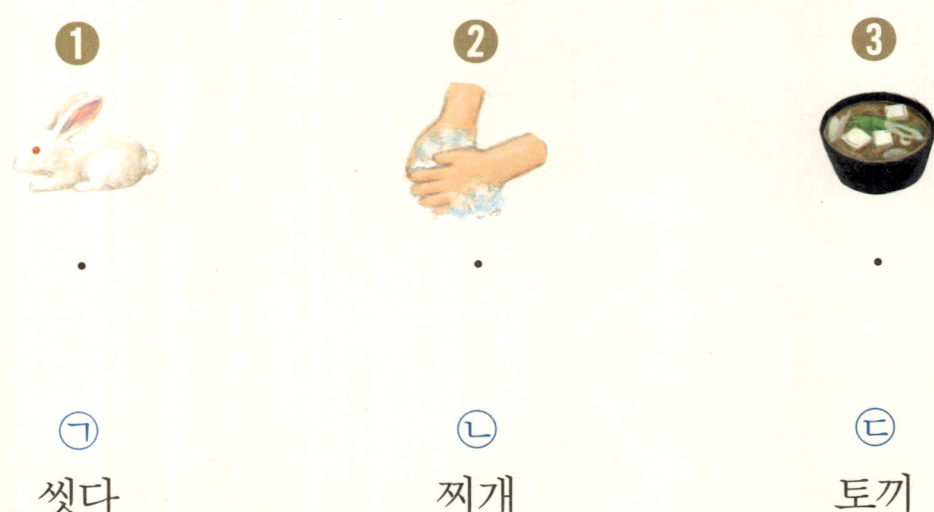

       ㄱ   ㄴ   ㄷ

     씻다   찌개   토끼

2. 그림에 알맞은 낱말을 정확하게 쓴 것은 무엇인가요?

① 부리

② 뚜꺼비

③ 딸기

④ 상둥이

⑤ 따듯한

3. 보기에서 알맞은 낱말을 찾아 빈칸에 쓰세요.

[보기] 뿌리 꿈 사또 쌍둥이 또박또박 두꺼비 쪼가리 찌개

❶ 잠자는 동안 깨어 있을 때처럼 보고 듣는 것을 ☐ 이라고 합니다.

❷ ☐☐☐ 는 개구리보다 크고 몸에는 짙은 얼룩무늬가 있어요.

❸ 한 어머니가 한꺼번에 두 아이를 낳으면 ☐☐☐ 라고 합니다.

❹ ☐☐☐☐ 은 말이나 글씨가 똑똑하고 분명한 모양입니다.

❺ 헝겊, 종이 따위의 작은 조각을 ☐☐☐ 라고 합니다.

❻ ☐☐ 는 고기나 채소에 된장, 고추장 등을 풀어 끓이는 음식입니다.

❼ ☐☐ 는 땅속에 묻혀 물과 양분을 빨아들이는 식물의 기관입니다.

❽ ☐☐ 는 조선 시대에 지방으로 파견한 관리를 이르는 말입니다.

4. 문제를 읽고 알맞은 낱말을 찾아 빈칸에 바르게 옮겨 쓰세요.

❶ '뻐꾹뻐꾹' 하고 우는 새는 무엇인가요?
　① 뻐꾸기　　② 뻐꾹이

❷ 냄비나 볼펜 등을 막거나 가리기 위해
　겉에 씌우는 물건은 무엇인가요?
　① 뚜정　　　② 뚜껑

❸ 아기가 목욕하기에 알맞은 온도라면
　물의 느낌이 어떨까요?
　① 따듯하다　　② 따뜻하다

❹ 귀가 길고 뒷다리가 앞다리보다 발달해
　빠른 동물은 무엇인가요?
　① 토끼　　② 토키

❺ 누군가와 다투거나 대결하는 것을
　뭐라고 할까요?
　① 사움　　② 싸움

❻ 머리에 매는 띠는 무엇인가요?
　① 머릿띠　　② 머리띠

❼ 고양이가 귀엽고 사랑스러울 때
　뭐라고 말할까요?
　① 예쁘다　　② 예삐다

❽ 쓸모없어져 버려야 되는 것은 무엇인가요?
　① 스레기　② 쓰래기　③ 쓰레기

5. 왼쪽 ☐ 안의 틀린 글자를 찾아, 오른쪽 빈칸에 바르게 쓰세요.

틀린 글자 찾기   **바르게 고쳐 쓰기**

❶ 나무의 부 리   나무의 ☐☐

❷ 맛있는 달 기   맛있는 ☐☐

❸ 상 둥 이 아기들   ☐☐☐ 아기들

❹ 따 듯 한 김치 찌 게   ☐☐☐ 김치 ☐☐

❺ 친구와 사 우 지 마세요.   친구와 ☐☐☐ 마세요.

❻ 글 시 를 도 박 도 박   ☐☐ 를 ☐☐☐☐

❼ 빨리 띄 어 오세요.   빨리 ☐☐ 오세요.

❽ 깨 긋 하게 싯 어 요.   ☐☐ 하게 ☐☐☐.

7단계 받침이 뒤로 넘어가는 글자

우리말에는 적는 법과 읽는 법이 다른 글자가 많아요.
얼음은 '어름'이라고 읽지만 '얼음'이라고 쓰고,
할아버지는 '하라버지'라고 읽지만 '할아버지'라고 써야 하죠.
7단계에서는 받침이 뒤로 넘어가는 글자를 공부할 거예요.

낱말 쓰기 1

 다음 낱말을 소리 내어 읽고 빈칸에 써 보세요.

 얼음
얼음

 날아오다
날아오다

 놀이터
놀이터

 할아버지
할아버지

낱말 쓰기 2

 다음 낱말을 소리 내어 읽고 빈칸에 써 보세요.

울	음
울	음

음	악
음	악

더	듬	이
더	듬	이

넘	어	지	다
넘	어	지	다

낱말 쓰기 3

다음 낱말을 소리 내어 읽고 빈칸에 써 보세요.

 거북이

 끄덕이다

 오뚝이

 목욕탕

낱말 쓰기 4

다음 낱말을 소리 내어 읽고 빈칸에 써 보세요.

어	린	이
어	린	이

인	어
인	어

입	을
입	을

길	잡	이
길	잡	이

낱말 쓰기 5

 다음 낱말을 소리 내어 읽고 빈칸에 써 보세요.

월	요	일
월	요	일

소	원	을
소	원	을

환	영
환	영

책	임	감
책	임	감

낱말 쓰기 6

 다음 낱말을 소리 내어 읽고 빈칸에 써 보세요.

 깊이

 높이

 숲을

 엎어지다

낱말 쓰기 1

 다음 낱말을 소리 내어 읽고 빈칸에 써 보세요.

밖	으	로
밖	으	로

볶	음	밥
볶	음	밥

웃	음
웃	음

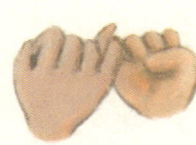

믿	음
믿	음

낱말 쓰기 8

 다음 낱말을 소리 내어 읽고 빈칸에 써 보세요.

 같은

 책꽂이

 닫아라

 씻어라

어구와 문장 쓰기 1

 다음 글을 소리 내어 읽고 빈칸에 써 보세요.

새	가		날	아	온	다	.
새	가		날	아	온	다	.

울	음	을		그	치	고
울	음	을		그	치	고

물	이		얼	음	이		된	다	.
물	이		얼	음	이		된	다	.

어구와 문장 쓰기 2

 다음 글을 소리 내어 읽고 빈칸에 써 보세요.

거	북	이		알	을
거	북	이		알	을

오	뚝	이	처	럼		일	어	나
오	뚝	이	처	럼		일	어	나

놀	이	터	에	서		놀	아	라	.
놀	이	터	에	서		놀	아	라	.

어구와 문장 쓰기 3

 다음 글을 소리 내어 읽고 빈칸에 써 보세요.

좋	은		길	잡	이
좋	은		길	잡	이

걸	음	이		빠	르	다	.
걸	음	이		빠	르	다	.

목	요	일	에		만	나	요	.
목	요	일	에		만	나	요	.

어구와 문장 쓰기 4

 다음 글을 소리 내어 읽고 빈칸에 써 보세요.

공	놀	이	하	는		어	린	이
공	놀	이	하	는		어	린	이

소	원	을		빌	어	요	.
소	원	을		빌	어	요	.

높	은		곳	에		매	달	아
높	은		곳	에		매	달	아

어구와 문장 쓰기 5

 다음 글을 소리 내어 읽고 빈칸에 써 보세요.

숲	을		걸	을		때
숲	을		걸	을		때

도	시	락	으	로		볶	음	밥	을
도	시	락	으	로		볶	음	밥	을

우	산		셋	이		나	란	히
우	산		셋	이		나	란	히

어구와 문장 쓰기 6

 다음 글을 소리 내어 읽고 빈칸에 써 보세요.

냄	새	를		맡	으	니
냄	새	를		맡	으	니

꽃	을		받	으	면
꽃	을		받	으	면

깨	끗	하	게		씻	어	라	.
깨	끗	하	게		씻	어	라	.

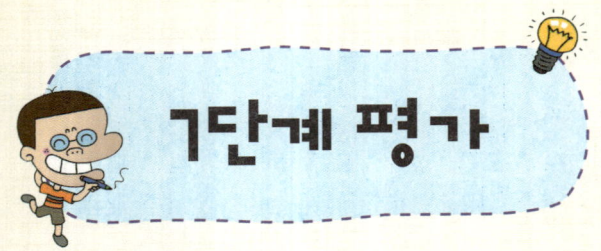

1. 다음 그림에 알맞은 낱말을 선으로 이으세요.

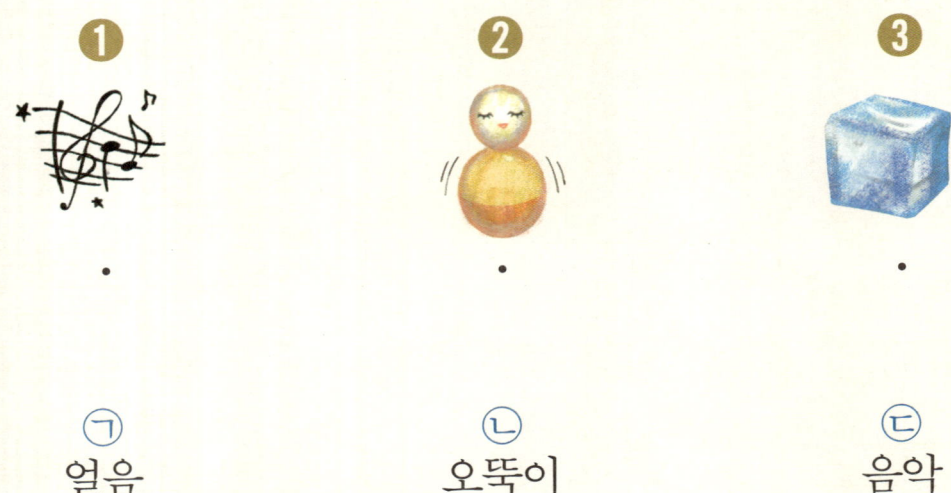

①   ②   ③

㉠   ㉡   ㉢

얼음   오뚝이   음악

2. 그림에 알맞은 낱말을 정확하게 쓴 것은 무엇인가요?

① 우슴

② 볶음밥

③ 우름

④ 거부기

⑤ 책꼬지

3. 보기에서 알맞은 낱말을 찾아 빈칸에 쓰세요.

[보기] 믿음 울음 오뚝이 얼음 놀이터 월요일 인어 목욕탕

❶ 물이 얼어 굳으면 [　　] 이 됩니다.

❷ [　　] 은 어떤 사실이나 사람을 믿는 마음입니다.

❸ 아이들이 모여서 놀 수 있게 한 곳을 [　　　] 라고 합니다.

❹ [　　　] 는 넘어져도 다시 일어납니다.

❺ 아기가 [　　] 을 터뜨리면 달래 주어야 합니다.

❻ [　　] 는 상반신은 여자의 몸, 하반신은 물고기의 몸입니다.

❼ 한 주가 시작되는 날은 [　　　] 입니다.

❽ [　　　] 은 목욕을 할 수 있는 곳입니다.

4. 문제를 읽고 알맞은 낱말을 찾아 빈칸에 바르게 옮겨 쓰세요.

❶ '안으로'의 반대말은 무엇인가요?
　① 바끄로　　② 밖으로

❷ 돈이나 물건을 아끼는 것은?
　① 절약　　　② 저략

❸ 월요일을 기준으로 네 번째 날은
　무슨 요일인가요?
　① 목요일　　② 모교일

❹ 목소리나 악기로 감정을 나타내는 예술은
　무엇인가요?
　① 으막　　　② 음악

❺ 집에 오는 손님을 기쁜 마음으로 맞이하는
　것을 무엇이라고 할까요?
　① 환영　　　② 화녕

❻ 밥에 고기, 야채 등을 넣고 기름에 볶아
　만든 음식은 무엇인가요?
　① 볶음밥　　② 보끔밥

❼ 앞에 나서서 길을 안내하는 사람을
　무엇이라고 할까요?
　① 길자비　　② 길잡이　　③ 길잡비

❽ 책을 세워서 꽂아두는 것은 무엇인가요?
　① 채꼬지　　② 책꼬지　　③ 책꽂이

5. 왼쪽 ☐ 안의 틀린 글자를 찾아, 오른쪽 빈칸에 바르게 쓰세요.

틀린 글자 찾기 | **바르게 고쳐 쓰기**

❶ 고개를 끄 더 기 다. | 고개를 ☐☐☐☐.

❷ 하 라 버 지 생신 | ☐☐☐☐ 생신

❸ 푸른 수 풀 걸어요. | 푸른 ☐☐ 걸어요.

❹ 맛있는 김치 보 끔 밥 | 맛있는 김치 ☐☐☐

❺ 공을 노 피 던져요. | 공을 ☐☐ 던져요.

❻ 친구와 우 스 며 노 라 요. | 친구와 ☐☐☐ ☐☐☐.

❼ 모 교 탕 에서 너 머 지 다. | ☐☐☐ 에서 ☐☐☐.

❽ 노 리 터 에서 공 노 리 | ☐☐☐ 에서 ☐☐☐

8단계 된소리가 나는 글자

축구는 왜 '축꾸'라고 소리가 나는 걸까요?
우리말에서 'ㄱ, ㄷ, ㅂ, ㅅ, ㅈ'이 'ㄲ, ㄸ, ㅃ, ㅆ, ㅉ'으로
소리가 바뀌어 나는 된소리되기 현상이 있어요.
이 단계에서는 'ㄱ'이 'ㄲ'으로, 'ㄷ'이 'ㄸ'으로 소리가 나는
글자에는 무엇이 있는지 알아볼 거예요.

낱말 쓰기 1

 다음 낱말을 소리 내어 읽고 빈칸에 써 보세요.

축	구
축	구

학	교
학	교

태	극	기
태	극	기

숨	바	꼭	질
숨	바	꼭	질

낱말 쓰기 2

 다음 낱말을 소리 내어 읽고 빈칸에 써 보세요.

듣	기
듣	기

걷	기
걷	기

입	술
입	술

접	시
접	시

낱말 쓰기 3

 다음 낱말을 소리 내어 읽고 빈칸에 써 보세요.

술	래	잡	기
술	래	잡	기

사	진	기
사	진	기

납	작	하	다
납	작	하	다

千字文

한	자
한	자

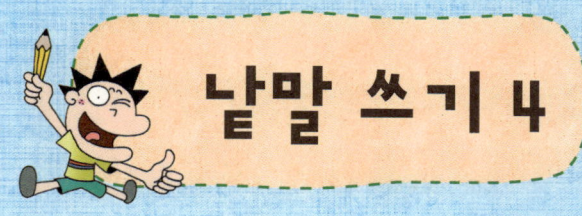

낱말 쓰기 4

다음 낱말을 소리 내어 읽고 빈칸에 써 보세요.

글	자
글	자

물	감
물	감

물	고	기
물	고	기

알	림	장
알	림	장

낱말 쓰기 5

 다음 낱말을 소리 내어 읽고 빈칸에 써 보세요.

비	빔	밥
비	빔	밥

보	름	달
보	름	달

책	장
책	장

액	자
액	자

낱말 쓰기 6

 다음 낱말을 소리 내어 읽고 빈칸에 써 보세요.

용	돈
용	돈

낚	시
낚	시

앞	집
앞	집

덮	밥
덮	밥

낱말 쓰기 1

 다음 낱말을 소리 내어 읽고 빈칸에 써 보세요.

 깃발

 귓속말

 곶감

 첫걸음마

낱말 쓰기 8

 다음 낱말을 소리 내어 읽고 빈칸에 써 보세요.

꽃	밭
꽃	밭

낯	설	다
낯	설	다

붙	잡	다
붙	잡	다

재	미	있	다
재	미	있	다

어구와 문장 쓰기 1

 다음 글을 소리 내어 읽고 빈칸에 써 보세요.

악	기		연	주
악	기		연	주

학	교	에		가	다	.
학	교	에		가	다	.

약	속	을		지	키	세	요	.
약	속	을		지	키	세	요	.

어구와 문장 쓰기 2

 다음 글을 소리 내어 읽고 빈칸에 써 보세요.

듣	기		평	가		시	간
듣	기		평	가		시	간

앵	두		같	은		입	술
앵	두		같	은		입	술

사	진	기	로		찰	칵
사	진	기	로		찰	칵

57

어구와 문장 쓰기 3

 다음 글을 소리 내어 읽고 빈칸에 써 보세요.

술	래	잡	기	를		하	다	가
술	래	잡	기	를		하	다	가

물	감	으	로		색	칠	하	다	.
물	감	으	로		색	칠	하	다	.

둥	근		보	름	달
둥	근		보	름	달

어구와 문장 쓰기 4

 다음 글을 소리 내어 읽고 빈칸에 써 보세요.

밤	길	이		위	험	해	.
밤	길	이		위	험	해	.

책	상	과		걸	상
책	상	과		걸	상

장	바	구	니	에		담	아
장	바	구	니	에		담	아

어구와 문장 쓰기 5

 다음 글을 소리 내어 읽고 빈칸에 써 보세요.

그	릇		닦	기
그	릇		닦	기

앞	뒤	를		똑	바	로
앞	뒤	를		똑	바	로

옷	걸	이	에		걸	어	.
옷	걸	이	에		걸	어	.

어구와 문장 쓰기 6

 다음 글을 소리 내어 읽고 빈칸에 써 보세요.

늘	잠	을		자	다	.
늘	잠	을		자	다	.

꽃	들	에	게		희	망	을
꽃	들	에	게		희	망	을

영	화	가		재	미	있	다	.
영	화	가		재	미	있	다	.

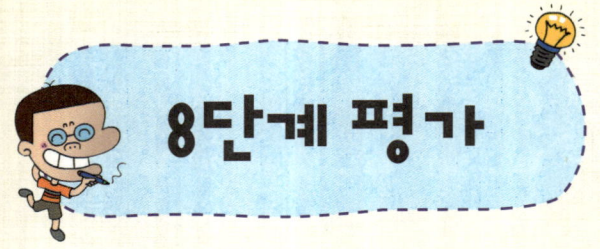

8단계 평가

1. 다음 그림에 알맞은 낱말을 선으로 이으세요.

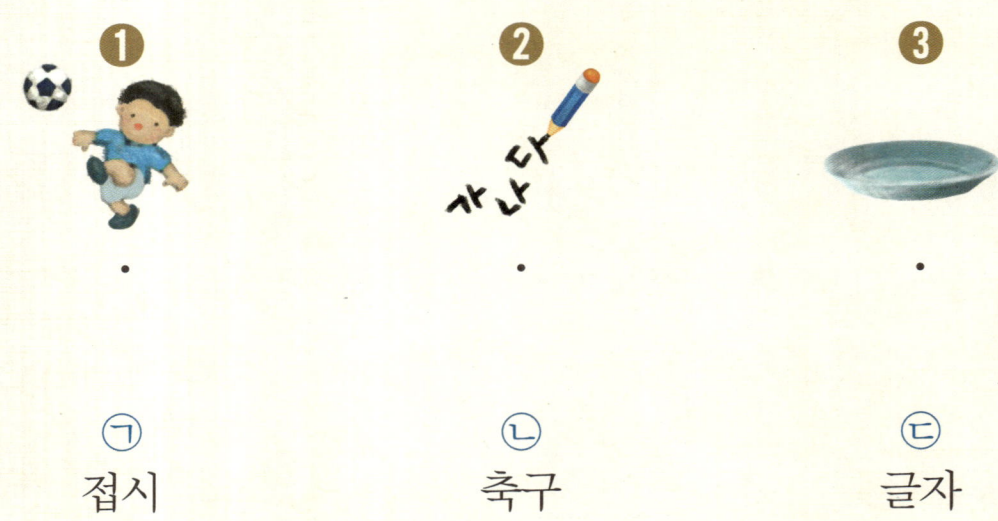

㉠ 접시　　　　㉡ 축구　　　　㉢ 글자

2. 그림에 알맞은 낱말을 정확하게 쓴 것은 무엇인가요?

① 낚씨

② 책짱

③ 물꼬기

④ 사진기

⑤ 입쑬

3. 보기에서 알맞은 낱말을 찾아 빈칸에 쓰세요.

[보기] 태극기 한자 학교 책장 액자 접시 보름달 덮밥

❶ 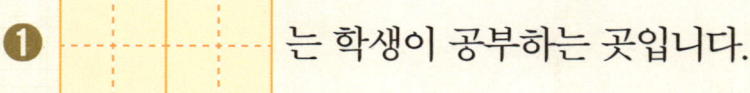 는 학생이 공부하는 곳입니다.

❷ 중국에서 만들어진 글자를 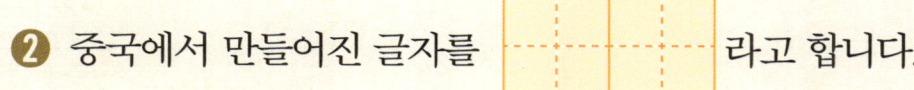 라고 합니다.

❸ 그림이나 사진은  에 꽂아둡니다.

❹ 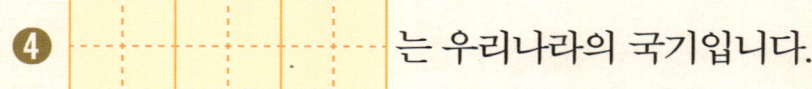 는 우리나라의 국기입니다.

❺ 반찬 등의 음식을 담는 얇고 납작한 그릇을 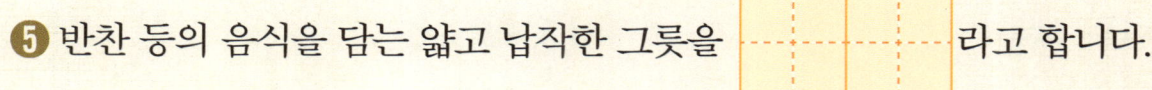 라고 합니다.

❻ 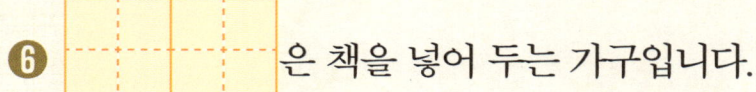 은 책을 넣어 두는 가구입니다.

❼ 오징어를 볶아 밥 위에 얹으면 오징어 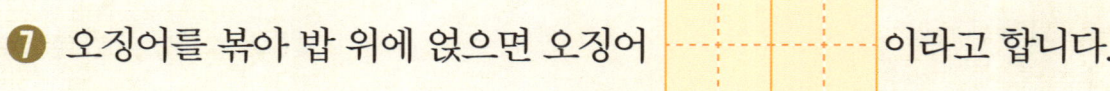 이라고 합니다.

❽ 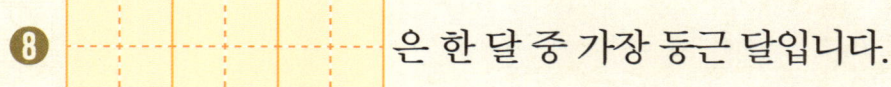 은 한 달 중 가장 둥근 달입니다.

4. 문제를 읽고 알맞은 낱말을 찾아 빈칸에 바르게 옮겨 쓰세요.

❶ 낚싯대로 물고기를 낚는 것을 뭐라고 할까요?
　① 낚시　　　② 낚씨

❷ 앞쪽에 있는 집은 무엇이라고 하나요?
　① 앞찝　　　② 앞집

❸ 반찬 등의 음식을 담는 얇고 납작한 그릇은 무엇인가요?
　① 접시　　　② 접씨

❹ 깃대에 달린 천이나 종이로 된 부분은 무엇인가요?
　① 깃발　　　② 깃빨

❺ 꽃을 많이 심어 가꾼 밭을 무엇이라고 할까요?
　① 꽃밭　　　② 꽃밫

❻ 감의 껍질을 벗기고 꼬챙이에 꿰어서 말린 것은 무엇인가요?
　① 곶깜　　　② 곶감

❼ 밥에 고기나 나물, 양념을 넣어 비벼 먹는 음식을 무엇이라고 할까요?
　① 비빕밥　　② 비빔빱　　③ 비빔밥

❽ 귀에 입을 대고 소곤거리는 말은 무엇인가요?
　① 귀쏙말　　② 귓속말　　③ 귓쏙말

5. 왼쪽 ☐ 안의 틀린 글자를 찾아, 오른쪽 빈칸에 바르게 쓰세요.

틀린 글자 찾기 　　　　　**바르게 고쳐 쓰기**

① 도화지에 물깜으로　　　도화지에 ☐☐으로

② 용똔을 모으다.　　　　　☐☐을 모으다.

③ 낚씨터에서 물꼬기를　　☐☐☐에서 ☐☐☐를

④ 책짱 위에 액짜　　　　　☐ 위에 ☐☐

⑤ 숨바꼭찔하고 놀아요.　☐☐☐☐하고 놀아요.

⑥ 둥근 보름딸이　　　　　둥근 ☐☐☐이

⑦ 학꾜 운동장에 깃빨이　☐☐ 운동장에 ☐☐이

⑧ 옷짱 속에 옷껄이　　　☐☐ 속에 ☐☐

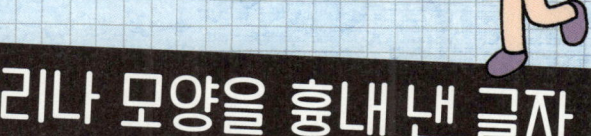

9단계 소리나 모양을 흉내 낸 글자

돼지는 '꿀꿀' 하고 울고, 전화 벨은 '따르릉' 하고 울려요.
사람이나 사물의 소리를 흉내 낸 말은 '의성어'라고 합니다.
토끼는 '깡충깡충' 뛰고, 문제가 어려울 땐 고개를 '갸우뚱' 하지요.
사람이나 사물의 모양을 흉내 낸 말은 '의태어'라고 합니다.
소리나 모양을 흉내 낸 말을 사용하면 글을 재미있게 쓸 수 있어요.

낱말 쓰기 1

 다음 낱말을 소리 내어 읽고 빈칸에 써 보세요.

 하 하

 앙 앙

 칙 칙 폭 폭

 꽥 꽥

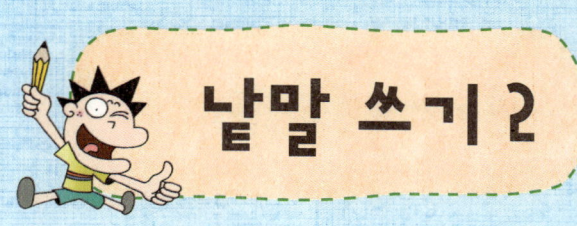

낱말 쓰기 2

 다음 낱말을 소리 내어 읽고 빈칸에 써 보세요.

 발름발름

발름발름

 둥실둥실

둥실둥실

 아장아장

아장아장

 주르륵

주르륵

낱말 쓰기 3

 다음 낱말을 소리 내어 읽고 빈칸에 써 보세요.

꿀	컥
꿀	컥

깡	충	깡	충
깡	충	깡	충

우	르	르
우	르	르

쫑	긋	쫑	긋
쫑	긋	쫑	긋

낱말 쓰기 4

 다음 낱말을 소리 내어 읽고 빈칸에 써 보세요.

갸	우	뚱
갸	우	뚱

떼	굴	떼	굴
떼	굴	떼	굴

버	럭
버	럭

송	골	송	골
송	골	송	골

어구와 문장 쓰기 1

 다음 글을 소리 내어 읽고 빈칸에 써 보세요.

엄	마	가		하	하
엄	마	가		하	하

아	기	가		앙	앙
아	기	가		앙	앙

기	차	가		칙	칙	폭	폭
기	차	가		칙	칙	폭	폭

어구와 문장 쓰기 2

 다음 글을 소리 내어 읽고 빈칸에 써 보세요.

아	기		오	리	가		꽥	꽥	꽥
아	기		오	리	가		꽥	꽥	꽥

코	부	터		발	름	발	름
코	부	터		발	름	발	름

구	름	이		둥	실	둥	실
구	름	이		둥	실	둥	실

어구와 문장 쓰기 3

 다음 글을 소리 내어 읽고 빈칸에 써 보세요.

깡충깡충 뛰어요.

우르르 몰려나와요.

귀를 쫑긋쫑긋

어구와 문장 쓰기 4

 다음 글을 소리 내어 읽고 빈칸에 써 보세요.

떼	굴	떼	굴		도	토	리
떼	굴	떼	굴		도	토	리

고	개	를		갸	우	뚱	하	다	.
고	개	를		갸	우	뚱	하	다	.

땀	이		송	골	송	골
땀	이		송	골	송	골

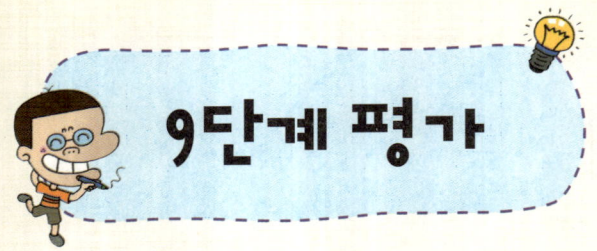

9단계 평가

1. 다음 그림에 알맞은 낱말을 선으로 이으세요.

① 　　② 　　③

㉠ 앙앙　　㉡ 하하　　㉢ 버럭

2. 그림에 알맞은 낱말을 정확하게 쓴 것은 무엇인가요?

① 　주루륵

② 　칙칙푹푹

③ 　굴컥

④ 　꿱꿱꿱

⑤ 　갸우뚱

3. 보기에서 알맞은 낱말을 찾아 빈칸에 쓰세요.

[보기] 하하 깡충깡충 버럭 꿀꺽 꽥꽥 꿀꿀 짹짹 갸우뚱

① 화가 나서 소리를 냅다 지르는 모양을 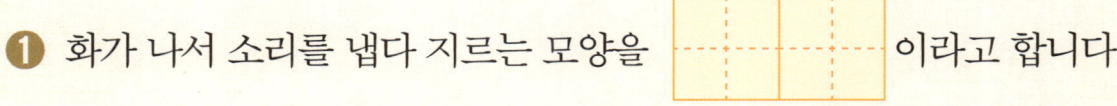 이라고 합니다.

② 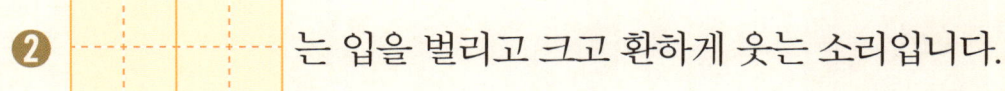 는 입을 벌리고 크고 환하게 웃는 소리입니다.

③ 오리는  소리를 내며 웁니다.

④ 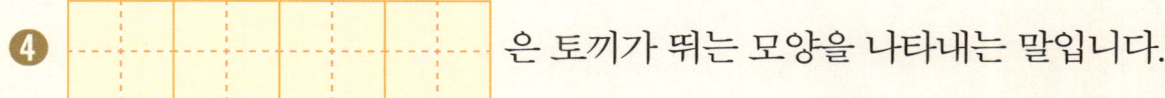 은 토끼가 뛰는 모양을 나타내는 말입니다.

⑤ 물이 목구멍으로 한꺼번에 많이 넘어가면 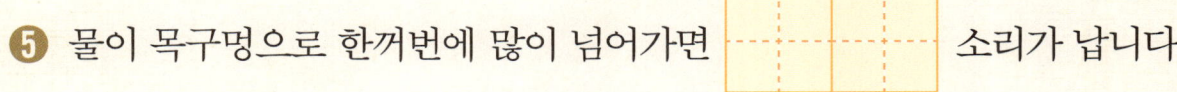 소리가 납니다.

⑥ 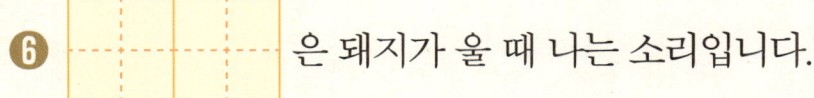 은 돼지가 울 때 나는 소리입니다.

⑦ 고개가 한쪽으로 살짝 기울어진 모양을 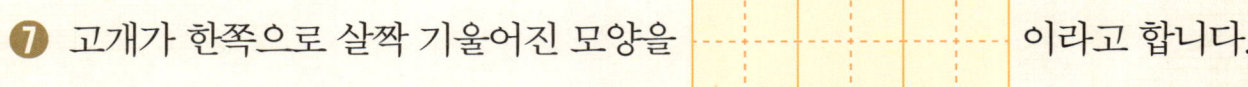 이라고 합니다.

⑧ 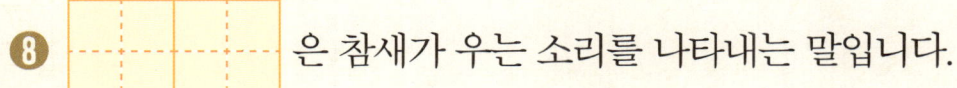 은 참새가 우는 소리를 나타내는 말입니다.

4. 문제를 읽고 알맞은 낱말을 찾아 빈칸에 바르게 옮겨 쓰세요.

❶ 어린아이가 계속 우는 소리는 무엇인가요?
　① 아앙　　　② 앙앙

❷ 물건이 바닥에 떨어지거나 부딪쳐 요란하게 나는 소리는 무엇인가요?
　① 우당탕　　② 우당땅

❸ 물줄기가 흐르다 멎는 소리는 무엇인가요?
　① 주르르　　② 주르륵

❹ 갑자기 뛰거나 몸을 움직이는 소리는 무엇인가요?
　① 후다딱　　② 후다닥

❺ 사람들이 한꺼번에 몰려오거나 움직이는 모양을 뭐라고 할까요?
　① 우르르　　② 우루루

❻ 기차가 달릴 때 나는 소리는 무엇인가요?
　① 칙칙폭폭　② 칙칙푹푹

❼ 재채기가 나오려고 할 때 콧구멍이 움직이는 모양은 무엇인가요?
　① 벌룸벌룸　② 벌름벌름

❽ 사람이나 물건이 빠르게 굴러가는 모양은 무엇인가요?
　① 떼굴떼굴　② 떼구르르

5. 왼쪽 ☐ 안의 틀린 글자를 찾아, 오른쪽 빈칸에 바르게 쓰세요.

틀린 글자 찾기   **바르게 고쳐 쓰기**

① 고양이가 야용야용   고양이가 ☐☐☐☐

② 구름이 등실등실   구름이 ☐☐☐☐

③ 땀을 뻘뻘 흘리다.   땀을 ☐☐ 흘리다.

④ 귀를 쫑끗쫑끗   귀를 ☐☐☐☐

⑤ 고개를 가우뚱하다.   고개를 ☐☐☐ 하다.

⑥ 눈물이 주르룩   눈물이 ☐☐☐

⑦ 꿀걱 물을 마시다.   ☐☐ 물을 마시다.

⑧ 물방울이 송글송글 맺혔다.   물방울이 ☐☐☐☐ 맺혔다.

10단계 틀리기 쉬운 글자

얼굴을 깨끗이 씻어요. 얼굴을 깨끗히 씻어요.
밑줄을 그은 두 단어 중 어떤 게 맞는 걸까요?
우리말에는 '이'나 '히'로 끝나는 헷갈리는 단어가 많아요.
10단계가 끝나면 더 이상 헷갈리지 않을 거예요.

낱말 쓰기 1

 다음 낱말을 소리 내어 읽고 빈칸에 써 보세요.

 가벼이

 깨끗이

 느긋이

 따뜻이

낱말 쓰기 2

 다음 낱말을 소리 내어 읽고 빈칸에 써 보세요. ✏️

 틈틈이

 반듯이

 알알이

 수북이

낱말 쓰기 3

 다음 낱말을 소리 내어 읽고 빈칸에 써 보세요.

가 만 히

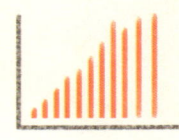
꾸 준 히

분 명 히

사 뿐 히

낱말 쓰기 4

 다음 낱말을 소리 내어 읽고 빈칸에 써 보세요.

솔	직	히
솔	직	히

열	심	히
열	심	히

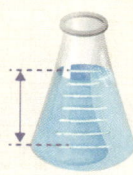

정	확	히
정	확	히

조	용	히
조	용	히

어구와 문장 쓰기 1

 다음 글을 소리 내어 읽고 빈칸에 써 보세요.

얼	굴	을		깨	끗	이
얼	굴	을		깨	끗	이

느	긋	이		기	다	리	다	.
느	긋	이		기	다	리	다	.

옷	을		따	뜻	이		입	다	.
옷	을		따	뜻	이		입	다	.

# 어구와 문장 쓰기 2

 다음 글을 소리 내어 읽고 빈칸에 써 보세요.

틈	틈	이		공	부	하	다	.
틈	틈	이		공	부	하	다	.

반	듯	이		누	워	.
반	듯	이		누	워	.

밥	을		수	북	이
밥	을		수	북	이

어구와 문장 쓰기 3

 다음 글을 소리 내어 읽고 빈칸에 써 보세요.

가	만	히		먹	어	.
가	만	히		먹	어	.

산	이		분	명	히		보	인	다	.
산	이		분	명	히		보	인	다	.

사	뿐	히		걸	어	가	다	.
사	뿐	히		걸	어	가	다	.

어구와 문장 쓰기 4

 다음 글을 소리 내어 읽고 빈칸에 써 보세요.

솔직히 말해 봐.

무엇이든 열심히

수업 시간에는 조용히

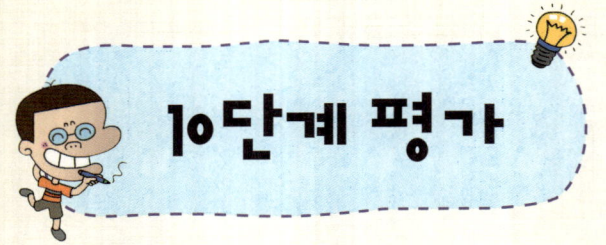

1. 보기에서 알맞은 낱말을 찾아 빈칸에 쓰세요.

[보기] 열심히 알알이 깨끗이 수북이 곰곰이 솔직히 조용히 끔찍이

❶ ☐☐☐ 익은 포도송이가 매우 맛있어 보여요.

❷ 아빠는 매일 회사에서 ☐☐☐ 일합니다.

❸ 할머니가 밥그릇에 밥을 ☐☐☐ 담아 주셨습니다.

❹ ☐☐☐ 생각해 보니 내가 잘못했어요.

❺ ☐☐☐ 방을 청소하면 기분이 좋아져요.

❻ 엄마는 나와 동생을 ☐☐☐ 사랑합니다.

❼ 도서관에서는 ☐☐☐ 책을 읽어야 합니다.

❽ ☐☐☐ 말하면 놀고 싶어요.

2. 문제를 읽고 알맞은 낱말을 찾아 빈칸에 바르게 옮겨 쓰세요.

❶ 매일매일에 해당하는 것은 무엇인가요?
　① 나날이　　② 나날히

❷ 덥지 않을 만큼 온도가 알맞게
　또는 정답고 포근하게?
　① 따뜻히　　② 따뜻이

❸ 걸음걸이나 움직임이 매우 가볍게?
　① 사뿐이　　② 사뿐히

❹ 물건 따위가 많이 담겨 있어 높이 두드러진
　상태를 나타내는 말은 무엇인가요?
　① 수북이　　② 수북히

❺ 놀랍거나 몹시 지나치게에 해당하는 것은?
　① 끔찍히　　② 끔찍이

❻ 움직이지 않고 아무 말 없는 상태를
　나타내는 말은 무엇인가요?
　① 가만이　　② 가만히

❼ 어떤 사실이나 현상이 명확하고 뚜렷하게?
　① 분명이　　② 분명히

❽ 비뚤어지거나 기울어지지 않고 바르게?
　① 반듯이　　② 반드시

3. 왼쪽 ☐ 안의 틀린 글자를 찾아, 오른쪽 빈칸에 바르게 쓰세요.

틀린 글자 찾기 | **바르게 고쳐 쓰기**

❶ 청소를 깨 끗 히 | 청소를 ☐☐☐

❷ 느 긋 히 기다려요. | ☐☐☐ 기다려요.

❸ 시간 날 때 틈 틈 히 | 시간 날 때 ☐☐☐

❹ 가 만 이 앉아 있어. | ☐☐☐ 앉아 있어.

❺ 침대에 반 듯 시 누우세요. | 침대에 ☐☐☐ 누우세요.

❻ 곰 곰 히 생각해 봐. | ☐☐☐ 생각해 봐.

❼ 교실에서는 사 뿐 이 걸어야 | 교실에서는 ☐☐☐ 걸어야

❽ 영 원 이 잊지 않을게요. | ☐☐☐ 잊지 않을게요.

국어 교과서 따라잡기

1학년 2학기 국어 교과서에서 각 단원별로 중요한 어구와 문장을
10개씩 골라 받아쓰기 문제지를 만들었습니다.
103~105쪽에 수록된 받아쓰기 문제를 아이가 잘 받아쓸 수 있도록
한 번은 천천히, 그 다음은 정상 속도로 불러주세요.

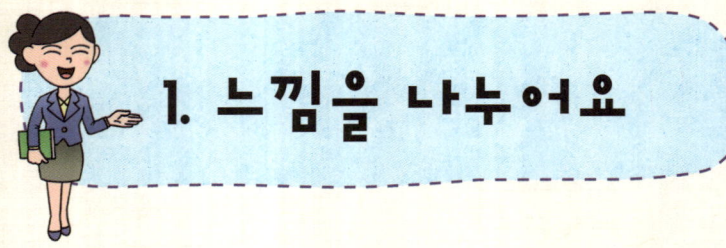

1. 느낌을 나누어요

불러주는 말을 잘 듣고, 띄어쓰기에 유의하여 받아쓰세요.

❶
❷
❸
❹
❺
❻
❼
❽
❾
❿

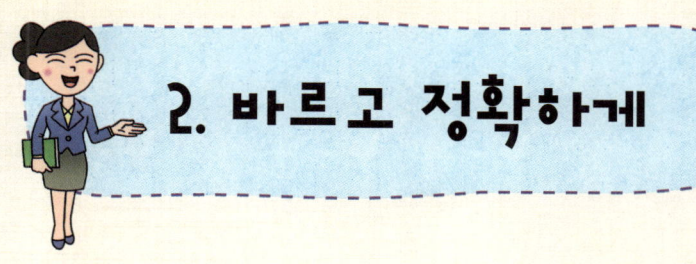
2. 바르고 정확하게

점수   점/100점

불러주는 말을 잘 듣고, 띄어쓰기에 유의하여 받아쓰세요.

❶
❷
❸
❹
❺
❻
❼
❽
❾
❿

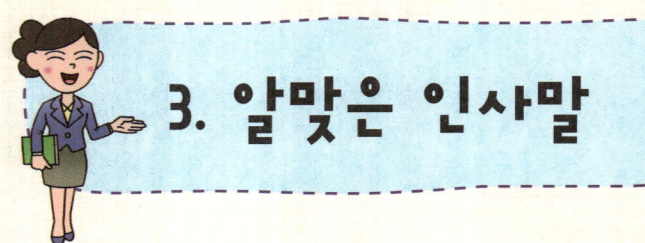

3. 알맞은 인사말

점수   점/100점

<u>불러주는 말을 잘 듣고, 띄어쓰기에 유의하여 받아쓰세요.</u>

❶
❷
❸
❹
❺
❻
❼
❽
❾
❿

4. 뜻을 살려 읽어요

점수   점/100점

불러주는 말을 잘 듣고, 띄어쓰기에 유의하여 받아쓰세요.

❶
❷
❸
❹
❺
❻
❼
❽
❾
❿

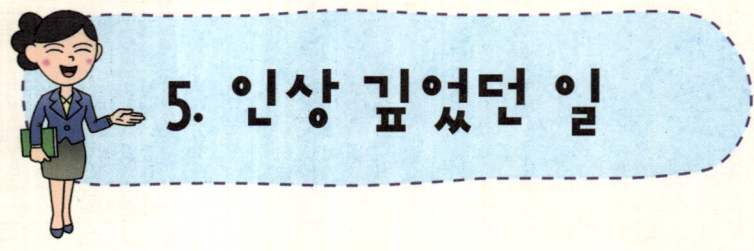

5. 인상 깊었던 일

점수   점/100점

불러주는 말을 잘 듣고, 띄어쓰기에 유의하여 받아쓰세요.

❶
❷
❸
❹
❺
❻
❼
❽
❾
❿

6. 이야기꽃을 피워요

점수   점/100점

불러주는 말을 잘 듣고, 띄어쓰기에 유의하여 받아쓰세요.

❶
❷
❸
❹
❺
❻
❼
❽
❾
❿

7. 다정하게 지내요

점수   점/100점

불러주는 말을 잘 듣고, 띄어쓰기에 유의하여 받아쓰세요.

❶
❷
❸
❹
❺
❻
❼
❽
❾
❿

8. 생각하며 읽어요

점수   점/100점

<u>불러주는 말을 잘 듣고, 띄어쓰기에 유의하여 받아쓰세요.</u>

❶
❷
❸
❹
❺
❻
❼
❽
❾
❿

9. 상상의 날개를 펴고

점수   점/100점

불러주는 말을 잘 듣고, 띄어쓰기에 유의하여 받아쓰세요.

❶
❷
❸
❹
❺
❻
❼
❽
❾
❿

1학년 2학기 받아쓰기 문제

아이가 잘 받아쓸 수 있도록 한 번은 천천히, 그 다음은 정상 속도로 문제를 불러주세요.
채점을 할 때는 띄어쓰기와 마침표 위치도 꼭 확인하세요.
점선을 따라 잘라두면 문제를 불러줄 때, 채점할 때 편리하게 이용할 수 있습니다.

94쪽
1. 여름∨숲을∨깨우는
2. 쬐그만∨알람∨시계
3. 살래살래∨흔드는
4. 무엇인가∨꼼지락거려요.
5. 여기는∨나밖에∨없어.
6. 사뿐히∨책∨밖으로
7. 올망졸망∨일곱∨난쟁이들이
8. 금세∨꽃밭이∨되었어요.
9. 온갖∨동물이∨기웃거려요.
10. 책장을∨착착∨넘기더니

95쪽
1. 개미가∨열심히∨일하고
2. 베짱이가∨기타를∨연주하고
3. 길을∨잃었다.
4. 볶음밥을∨만들어∨주셨습니다.
5. 달걀을∨삶아∨주셨습니다.
6. 가족이∨모두∨둘러앉았습니다.
7. 손을∨씻었습니다.
8. 두껍아∨두껍아
9. 흙집∨지어라.
10. 황소가∨밟아도

96쪽
1. 서로∨학굣길에∨만나면
2. 아기∨여우∨로봇이에요.
3. 가방을∨메고
4. 잘못∨입력했나∨봐.
5. 재빨리∨귓속말을
6. 고개를∨끄덕였어요.
7. 환하게∨웃었어요.
8. 친구들은∨숨바꼭질을∨해요.
9. 어깨를∨토닥여∨주었어요.
10. 생신을∨축하드립니다.

97쪽
1. 힘차게∨깃발을∨흔듭니다.
2. 동물의∨모양에∨빗댄
3. 들은∨체∨만∨체하며
4. 온∨집∨안을∨돌아다녔습니다.
5. 응석∨부린∨일이∨생각나서
6. 기분이∨좋았습니다.
7. 나무에∨둥지를∨틀고
8. 소복하게∨낳아∨놓았습니다.
9. 허리춤에∨넣어∨갈까?
10. 새는∨한∨마리도∨없이

98쪽
1. 준이의 첫갈음마
2. 한 발을 내디딜 때마다
3. 기뻐서 손뼉을 쳤다.
4. 종이에 살을 붙여
5. 멋지게 꾸몄다.
6. 바람이 씽씽 잘 불어서
7. 맛이 이상하지 않아
8. 빨간 당근, 푸른 완두콩
9. 두 그릇씩 먹었다.
10. 흥겹게 지저귀는 귀여운 새

99쪽
1. 쟁반같이 둥근 달
2. 동산 위에 떴지.
3. 다람쥐 한눈팔 때
4. 사슴한테 흙을 주며
5. 그릇을 빚어 주지 않겠니?
6. 꼼짝을 못 하였습니다.
7. 저녁 식사에 초대할게.
8. 납작한 접시에
9. 뒷머리를 벅벅 긁었습니다.
10. 군침만 꿀꺽꿀꺽 삼키면서

100쪽
1. 귀찮다는 생각이
2. 틀려도 괜찮아.
3. 작은 씨앗이 커다란 돌멩이를
4. 반짝반짝 빛나는 은빛
5. 한마디 대꾸도 없이
6. 잘난 체하면서
7. 버럭 소리를 질렀습니다.
8. 그 일을 일러바쳤답니다.
9. 고민을 털어놓았습니다.
10. 까만 먹물을 내뿜고는

101쪽
1. 공원에 있는 시계탑 앞에서
2. 약속 시간에 늦은 친구
3. 꼭 갖고 싶어요.
4. 지우개는 많이 닳았어요.
5. 사진을 찍으면 안 돼요.
6. 보글보글 끓고 있지요.
7. 고개를 끄덕였습니다.
8. 김이 되어 밖으로 나가면
9. 구름이라고 부릅니다.
10. 태어나기 훨씬 전에

1. 곶감에게 잡힐까 봐   102쪽
2. 옛날 깊은 산속에
3. 실컷 잠을 자다 깨어
4. 토실토실 살진 송아지
5. 황소 아저씨네 외양간
6. 하얀 달빛이 비쳤어요.
7. 벽 뚫린 구멍으로
8. 추녀 밑 고드름을 녹여
9. 눈곱도 닦고 콧구멍도 씻고
10. 땀이 송골송골 맺혔습니다.

6~10단계 평가 정답

6단계 같은 자음이 겹치는 겹글자

1. (1)-ⓒ (2)-㉠ (3)-ⓛ 2. ③ 3. (1) 꿈 (2) 두꺼비 (3) 쌍둥이 (4) 또박또박 (5) 쪼가리 (6) 찌개 (7) 뿌리 (8) 사또 4. (1) ① (2) ② (3) ② (4) ① (5) ② (6) ② (7) ① (8) ③ 5. (1) 뿌리 (2) 딸기 (3) 쌍둥이 (4) 따뜻한, 찌개 (5) 싸우지 (6) 글씨, 또박또박 (7) 뛰어 (8) 깨끗하게, 씻어요

7단계 받침이 뒤로 넘어가는 글자

1. (1)-ⓒ (2)-ⓛ (3)-㉠ 2. ② 3. (1) 얼음 (2) 믿음 (3) 놀이터 (4) 오뚝이 (5) 울음 (6) 인어 (7) 월요일 (8) 목욕탕 4. (1) ② (2) ① (3) ① (4) ② (5) ① (6) ① (7) ② (8) ③ 5. (1) 끄덕이다 (2) 할아버지 (3) 숲을 (4) 볶음밥 (5) 높이 (6) 웃으며, 놀아요 (7) 목욕탕, 넘어지다 (8) 놀이터, 공놀이

8단계 된소리가 나는 글자

1. (1)-ⓛ (2)-ⓒ (3)-㉠ 2. ④ 3. (1) 학교 (2) 한자 (3) 액자 (4) 태극기 (5) 접시 (6) 책장 (7) 덮밥 (8) 보름달 4. (1) ① (2) ② (3) ① (4) ① (5) ② (6) ② (7) ③ (8) ② 5. (1) 물감 (2) 용돈 (3) 낚시터, 물고기 (4) 책장, 액자 (5) 숨바꼭질 (6) 보름달 (7) 학교, 깃발 (8) 옷장, 옷걸이

9단계 소리나 모양을 흉내 낸 글자

1. (1)-ⓒ (2)-ⓛ (3)-㉠ 2. ⑤ 3. (1) 버럭 (2) 하하 (3) 짹짹 (4) 깡충깡충 (5) 꿀꺽 (6) 꿀꿀 (7) 갸우뚱 (8) 쩍쩍 4. (1) ② (2) ① (3) ② (4) ② (5) ① (6) ① (7) ② (8) ① 5. (1) 야옹야옹 (2) 둥실둥실 (3) 뻘뻘 (4) 쫑긋쫑긋 (5) 갸우뚱 (6) 주르륵 (7) 꿀꺽 (8) 송골송골

10단계 틀리기 쉬운 글자

1. (1) 알알이 (2) 열심히 (3) 수북이 (4) 곰곰이 (5) 깨끗이 (6) 끔찍이 (7) 조용히 (8) 솔직히 2. (1) ① (2) ② (3) ② (4) ① (5) ② (6) ② (7) ② (8) ① 3. (1) 깨끗이 (2) 느긋이 (3) 틈틈이 (4) 가만히 (5) 반듯이 (6) 곰곰이 (7) 사뿐히 (8) 영원히

틀린 글자나 문장을 연습해요.

틀린 글자나 문장을 연습해요.

퍼플카우콘텐츠팀 | 재미있고 유익한 어린이 책을 기획하고 만드는 사람들입니다. 기획자, 전문작가, 편집자 등으로 구성되어 퍼플카우의 '베껴 쓰는 워크북 시리즈'를 비롯한 아동 교양 실용서를 만들고 있습니다.

이우일 | 어린 시절, 구석진 다락방에서 삼촌과 고모의 외국 잡지를 탐독하며 조용히 만화가의 꿈을 키워 오다 홍익대학교 시각디자인학과에 들어가 그 꿈을 맘껏 펼치기 시작합니다. 신선한 아이디어로 '도날드 닭', '노빈손' 등 재미있는 그림을 그려 사람들을 즐겁게 해주고 있습니다. 지은 책으로는 《우일우화》, 《옥수수빵파랑》, 《좋은 여행》, 《고양이 카프카의 고백》 등이 있습니다. 그림책 작가인 아내 선현경, 딸 은서, 고양이 카프카, 비비와 함께 그림을 그리고 글을 쓰며 살고 있습니다.

베껴라 베껴! 받아쓰기왕 2

초판 1쇄 발행 | 2014년 3월 5일

지은이 | 퍼플카우콘텐츠팀
그린이 | 이우일
펴낸곳 | 퍼플카우
펴낸이 | 김일희.김철원

기획 · 편집 | 김일희
마케팅 | 김철원
디자인 | 박영정

출판신고 | 2008년 03월 04일 제2008-000021호
주소 | 서울특별시 마포구 월드컵북로 6길 53 칼라빌딩 402호 (우)121-869
대표전화 · 팩시밀리 | 070-8668-8800 (F)070-7500-0555
이메일 | purplecowow@gmail.com
커뮤니티 | cafe.naver.com/purplecowow
SNS 트위터 | purplecowow
페이스북 | facebook.com/purplecowow

ISBN 978-89-97838-29-5 (64710)
ISBN 978-89-97838-27-1 (세트)
이 책의 판권은 저자와 ㈜퍼플카우콘텐츠그룹에 있습니다.
저작권법에 의해 보호 받는 저작물이므로 무단전재와 복제를 금합니다.
책값은 뒤표지에 있습니다. 잘못된 책은 구입한 곳에서 바꾸어 드립니다.

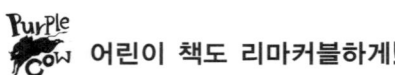 어린이 책도 리마커블하게!